AF495530

DÉPOT LÉGAL
Seine
N° 2705
1863

TIMBRE
IMPÉRIAL
5
cen.

RAPPORT DE LA COMMISSION

NOMMÉE LE 1er NOVEMBRE 1862,

POUR VÉRIFIER LA GESTION

du

CIT. BELUZE,

Représentant de la Colonie Icarienne en France, fondée aux États-Unis d'Amérique par le cit. Cabet.

Chers Coreligionnaires,

La Commission de vérification a l'honneur de vous adresser son rapport, lu aux Icariens de Paris, réunis à ce sujet, le 25 janvier 1863.

» CORELIGIONNAIRES ET AMIS,

» Réunis en Commission de vérification, sous la présidence du citoyen Silvestre, nous venons vous rendre compte du résultat obtenu dans le travail difficile et délicat dont vous nous avez chargés.

» Est-il besoin de vous dire, avant d'entrer dans aucun détail, que nous avons abordé notre tâche avec l'indépendance et la loyauté qui doivent guider le Démocrate ou l'Icarien dans toutes les circonstances publiques ou privées? Nous ne le pensons pas ; car, si un doute à cet égard avait pu traverser votre esprit, vous ne nous auriez pas honorés de votre confiance. — Néanmoins, ne serait-ce que pour donner un caractère plus solennel au jugement que nous allons prononcer, et pour la satisfaction de notre propre conscience, nous croyons devoir vous dire, avec une conviction forte et éclairée : Nous avons fait notre devoir.

» En 1848, feu l'honorable Cabet, convaincu que l'observation complète de la loi de solidarité (l'association la plus large de la production et de la consommation), était le seul mode d'organisation susceptible de résoudre tous les problèmes sociaux, s'en alla fonder en Amérique la Colonie dite Communauté Icarienne, avec un certain nombre de familles qui, depuis longtemps déjà, le sollicitaient à cet effet.

» Après quelques années d'un travail laborieux et patient, nécessité par ce nouveau genre de société, travail difficile surtout à cause des habitudes que les colons avaient puisées au sein de l'individualisme; à cause aussi de la diversité des caractères ; à cause enfin de l'ignorance de beaucoup, et de la mauvaise volonté de quelques uns; après quelques années, disons-nous, de ce pénible labeur, une scission éclata dans le sein de la Colonie, qui, à cette époque, était établie à Nauvoo. — Une majorité, comme vous le savez, trompée par quelques meneurs incapables de se soumettre aux réformes exigées par le Principe, impatients de revenir aux excès et aux abus de l'ancien monde, expulsa violemment une minorité restée fidèle à la Doctrine et au Fondateur de notre École.

» La situation de cette minorité, vous devez aussi vous le rappeler, fut alors des plus critiques. Mais à force de travail, de privations, de courage, d'activité, et quelque argent envoyé par les Icariens de l'extérieur, elle put réorganiser la Colonie, et parvint même bientôt à acquérir un certain crédit qui lui permit d'acheter à termes une propriété, près Saint-Louis, dans l'État du Missouri, pour s'y établir provisoirement. — Pour solder cette propriété, craignant avec raison de ne pouvoir le faire à temps, par son seul travail, la Colonie résolut de contracter un emprunt sur ses Coreligionnaires du dehors. La réalisation de cet emprunt devait se poursuivre par les soins du cit. Beluze, représentant de la Comunauté à Paris, lequel, après avoir été l'homme de confiance du cit. Cabet, devait continuer à être celui de la Colonie, et par conséquent l'intermédiaire entre elle et nous. Comme tel, le cit. Beluze achetait, vendait, recevait, donnait reçus et quittances au nom de la Colonie. Comme tel aussi, il recevait, à partir du 1er janvier 1858, des appointements fixes de trois cents francs par mois, ou trois mille six cents francs par an, pour tous frais de bureau : soit appointements d'employés, frais de loyers, de chauffage, d'éclairage, d'impositions et autres, appointements qu'il réduisit lui-même, dans l'intérêt de la Colonie, à deux mille francs par an, lors des embarras suscités contre elle par suite de la Révolution américaine. Enfin, depuis le mois d'août dernier, il a complétement cessé de recevoir les appointements qui lui étaient alloués. — Les dames Cabet ont également cessé de recevoir la pension qui leur était faite par la Colonie, tant par reconnaissance envers le Fondateur qui avait sacrifié à son Œuvre généreuse et fortune et famille, qu'en échange du produit de la Bibliothèque, c'est-à-dire de la vente des livres du cit. Cabet. — Nous devons ajouter que, depuis que ces dames ont abandonné leur pension, elles se sont réservé le bénéfice de la Bibliothèque. Rien de plus juste.

» Comme Mandataire et Représentant, le cit. Beluze était chargé par la Colonie :

» 1° De réaliser un emprunt d'un million ouvert par elle, et remboursable en argent, à une époque déterminée, emprunt garanti par une propriété achetée par contrat passé par devant Me Skille, notaire public, État du Missouri, comté de Saint-

Louis, et suivant un fidéicommis ou hypothèque, délivré par la Colonie au nom de Monsieur Beluze, et déposé chez Mᵉ Crosse, notaire à Paris, rue de Grenelle-Saint-Honoré, nº 14, le 27 janvier 1859. Cet emprunt a été, par suite d'une décision prise au sein de la Colonie, suspendu momentanément.

» 2º De recevoir tous les fonds qu'on lui apportait, soit à titre de don, d'emprunt, de compte courant, d'apport ou enfin de toute autre manière.

» 3º De donner tous les renseignements qui lui étaient demandés ; de conseiller les adeptes dans la mesure du possible, de les guider, dans le cas où ils voudraient aller en personne concourir à la grande Œuvre régénératrice que nous avons entreprise ; de recevoir leurs apports, pour les porter aussitôt au Compte Courant ou à l'Emprunt, afin de pouvoir rembourser, à la demande du déposant, en se conformant, bien entendu, aux délais prescrits par la loi.

» Il était donc bien évident pour tout le monde que le cit. Beluze n'agissait pas en son propre nom, mais au nom de la Communauté qu'il représentait, et que les sommes versées entre ses mains ne pouvaient être réclamées qu'à elle.

» Cependant, malgré cette certitude, plusieurs dissidents très hostiles revinrent en France dernièrement, et réclamèrent au cit. Beluze l'argent qu'ils avaient versés entre ses mains, disant que la Colonie avait refusé de les rembourser.

» Or, le cit. Beluze ayant disposé de ces fonds pour le service de la Communauté ou les lui ayant envoyés, se trouva sans argent en Caisse et ne put satisfaire à leurs demandes. Il pouvait, au besoin, refuser d'une manière absolue : la loi l'y autorisait. Mais il préfera demander du temps, afin de pouvoir en référer à la Colonie. Il alla même jusqu'à proposer un arrangement à l'amiable, dont il prenait la responsabilité. Mais, soit par besoin, soit pour tout autre motif, les réclamants ne voulurent pas attendre, et portèrent une plainte devant le Procureur impérial contre le cit. Beluze, comme étant la personne à laquelle ils avaient remis leur argent avant leur départ. Le Procureur impérial, saisi de ces plaintes, commença une instruction qui s'est terminée, comme elle devait l'être, par une ordonnance de non-lieu, en faveur du cit. Beluze. Mais c'est alors que celui-ci, pour ce fait, et peut-être aussi parce qu'il était en divergence de vue avec le Président de la Colonie, crut, nous savons que c'est à regret, devoir résilier le mandat qu'on lui avait confié, et au nom duquel il s'est entièrement dévoué depuis 16 ans.

» Mais il pensa cependant que se séparer ainsi brusquement, au moment où on s'y attendait le moins, suffirait peut-être pour donner consistance à quelques bruits calomnieux que l'on faisait circuler depuis quelques temps contre lui, dans un certain centre du public icarien ; tel que celui de *s'être enrichi au détriment des partants*, par exemple. Pour éviter ces désagréments fâcheux sous tous les rapports, il convoqua, au siége de l'Agence icarienne, le plus grand nombre possible de créanciers icariens de Paris, et il les pria de nommer une Commission dont le but serait de vérifier sa comptabilité et sa gestion. Il manifesta également le désir que cette Commission fût chargée, après la vérification des livres, d'ouvrir une enquête sur sa vie privée.

» Selon ce désir, il a été élu une Commission le jour même, au nombre de sept membres, dont un comptable de profession. Ces membres sont les cit. Bedouch, Guidez, Gautier, Kneip, Sauva, Silvestre et Fortel. Ce dernier, au bout de quelques séances, a donné sa démission, laquelle a été acceptée, quoique avec regret. Il a été remplacé aussitôt par le cit. Berné.

TRAVAUX DE LA COMMISSION.

PREMIÈRE PARTIE.

« Citoyens,

» Le dimanche, 8 novembre, votre Commission de vérification se réunit pour la première fois. Cette réunion fut uniquement consacrée à tomber d'accord sur le meilleur mode de procéder. Il y avait deux manières d'agir :

» 1° Refaire les opérations du cit. Beluze une à une depuis le jour où le Bureau de Paris et l'Administration de la Colonie n'ont plus fait qu'un. Si ce travail avait été faisable, il aurait donné pleine satisfaction à tous les membres de votre Commission; car cette façon d'opérer aurait donné, à un centime près, les recettes et les dépenses. Mais il a été écarté, et il devait l'être, à cause de l'impossibilité de vérifier l'exactitude des écritures par la confrontation avec tous les intéressés, au nombre de plusieurs mille, répandus dans toute la France et à l'Etranger.

» 2° Le second mode, plus simple, et qui néanmoins nous paraît offrir les mêmes garanties, consistait à faire lecture du livre de comptabilité intitulé *Brouillard* ou *Main courante*, de quatre ou cinq mois de chaque année pris au hasard, afin de se rendre compte de la nature des opérations faites; ensuite confronter avec le livre intitulé *Caisse* les recettes et les dépenses; et puis vérifier si les divers comptes énoncés dans le Brouillard étaient bien reportés au *Grand livre*.

» C'est ce mode que nous avons adopté.

» Les comptes qui nous ont surtout préoccupés, sont les comptes d'*emprunt*, de *comptes courants*, de *frais généraux* et de *correspondances;* les comptes *commissions pour la Colonie*; les *traites;* et enfin le compte *librairie* par la vérification d'un certain nombre de factures de l'imprimeur et du relieur; et les *comptes particuliers* par la vérification des lettres annonçant des sommes envoyées.

» Tout ces comptes ont été vérifiés avec le plus grand soin; et, lorsque le moindre doute s'élevait dans notre esprit au sujet de quelques opérations dont nous ne voyions pas tout d'abord la netteté, nous ne l'abandonnions qu'après nous être bien rendu compte de sa pureté, soit en prenant les renseignements qui nous étaient nécessaires auprès des cit. Beluze et Gaud, soit en fouillant les nombreux documents mis à notre disposition. Après avoir fait ce travail de détail, nous avons confronté le résumé avec le duplicata de chaque mois, dont le double a été régulièrement envoyé à la Colonie tous les mois, afin que le Président, après les avoir vérifiés, puisse en donner connaissance à tous les membres qui la composent.

» Il résulte de ce travail, fait dans l'espace de deux mois et demi, nous réunissant deux, et sur la fin, trois fois par semaine, il résulte la situation suivante :

» Résumé des recettes et des dépenses de chaque compte particulier, représentant les diverses opérations du Bureau de Paris, pendant les années 1857-58-59-60-61-62 :

	DÉBIT. Espèces reçues par caisse.	CRÉDIT. Espèces remboursées par caisse.
Emprunt. . . . . fr.	105.494 10	4.890 54
Comptes courants.	55.006 11	24.219 65
Souscription.	8.131 21	18.643 65
Anciennes créances	70 »	31.855 75
Correspondance.	143 40	2.373 52
Traites	» »	57.115 63
Commissions.	70 »	3.472 06
Bibliothèque	4.862 20	1.091 62
Revue.	150 50	» »
Populaire (dette ancienne). . . .	5 »	» »
Librairie.	14.092 57	13.146 05
Charles Raynaud.	109 30	104 50
Mobilier.	264 95	67 85
Apports.	787 40	57 »
Frais généraux	307 »	34.522 10
Totaux	189.493 74	192.159 92
En caisse au 1er janvier 1857. . .	2.666 18	
Total.	192.159 92	égal aux dépenses.

» Suivant le résumé ci-dessus, on voit que la caisse a reçu une somme totale de 189,493 fr. 74 c., qui, ajoutée aux 2,666 fr. 18 c. en caisse au 1er janvier 1857, forment un effectif de 192,159 fr. 92 c., somme égale aux dépenses qui sont aussi de 192,159 fr. 92 c.

POSITION DU BUREAU

envers ses créanciers et ses débiteurs.

» Il est dû au Bureau :

Par divers pour Librairie	2.628 72
» Le Bureau doit :	
A divers pour Librairie.	898 37
Il reste dû au Bureau pour la Colonie. .	1.730 35

» Nous ferons remarquer que la somme du débit de Caisse n'est pas toutes espèces reçues depuis de 1er janvier 1857. Il y a à déduire de cette somme le compte *anciennes créances de Nauvoo*, soit 31,855 fr. 75, et le compte *anciennes souscriptions*, c'est-à-dire celles antérieures à fin 1857, soit 18,643 fr. 65, qui toutes deux ont été soldées par *Caisse*, et que l'on a fait entrer par *emprunt* pour les anciennes créances et une partie de la souscription, et par comptes courants pour l'autre partie de ladite souscription, afin d'en décharger la comptabilité. Par conséquent, c'est donc la somme que forment ces deux comptes réunis, soit 50,499 fr. 40 qui est sortie et rentrée par caisse sans qu'il y ait eu un centime de déboursé ni de reçu, ce qui, comme on le voit, diminue d'autant le total des recettes et donne, comme espèces réellement reçues, la somme de 141,660 fr. 52. Qu'est devenue cette somme? Nous la voyons répartie de la manière suivante :

Intérêts payés à l'emprunt.	4.890 54
Comptes courants (argent remboursé).	24.919 65
Correspondance (affranchissements pour la Colonie et ports venant de la Colonie	2.373 52
Traites (achats ou commissions, Bibliothèque, dépenses faites pour la Colonie).	61.579 31
Ch. Raynaud	104 50
Apports remboursés.	57 »
Total	93.924 52

» Or, 93,924 fr. 52 c., à déduire de la somme 141,660 fr. 52, donne, pour frais de propagande, de librairie, de mobilier, etc., ainsi que pour les frais généraux proprement dits du bureau, la somme de 47,736 fr. 00.

» Au sujet des frais généraux du bureau, nous ferons remarquer aussi que la somme de 34,522 fr. 10, qui figure ci-dessus, n'est point la vraie somme quant aux frais généraux. Il y a à retrancher de cette somme 15,450 fr. 00 qui ont été remis, depuis six ans, aux dames Cabet; soit donc pour les vrais frais généraux du bureau de Paris, diminution faite des 307 fr. 00 que nous voyons figurer au débit de caisse, 19,072 fr. 10 c. pour six ans, ou en moyenne 3,179 fr. par an, environ en moyenne 265 fr. par mois, pour frais d'employés, de déplacement, de loyer, d'imposition, de chauffage, d'éclairage, etc.

» L'examen de la comptabilité terminé, nous avons passé à la vérification de la correspondance officielle du cit. Beluze avec le Président de la Colonie. La plupart des lettres du premier sont transcrites sur des livres de copie.

» Sous ce rapport, le cit. Beluze nous a paru avoir déployé beaucoup de zèle, d'activité et de bienveillance dans l'intérêt du développement d'Icarie, comme nous l'avons vu aussi pousser le désintéressement et son amour de la Cause jusqu'à emprunter, en son nom personnel, une somme relativement importante pour secourir la Colonie, somme qu'il s'est engagé à rembourser sur le produit de son propre travail.

» Les seules restrictions que nous ayons à apporter à une approbation complète sont : 1° Une somme de 40 fr. portée aux dépenses dont nous n'avons pas trouvé la facture qui devait en justifier l'emploi. 2° Deux lettres du cit. Mercadier qui, selon nous, méritaient de la part du cit. Beluze une protestation ou tout au moins des conseils, qui, de son aveu même, n'ont pas été donnés, parce que, dit-il, les faits qu'elles contenaient lui parurent alors sans gravité. Bien que les explications verbales que le cit. Beluze nous a données pour l'un et l'autre cas nous aient paru complétement satisfaisantes, nous croyons de notre devoir de les consigner ici. »

DEUXIÈME PARTIE.

« Maintenant, Citoyens, que nous connaissons la situation du Bureau de Paris, que nous sommes renseignés et satisfaits de la comptabilité, *à une légère restriction près*; que la correspondance du cit. Beluze nous a prouvé le désir qu'il a de voir prospérer notre entreprise, nous allons passer à la seconde partie de l'enquête, c'est-à-dire à l'examen de sa vie privée.

» Cette seconde partie de notre travail, nous a offert un peu plus de difficultés que la précédente : d'abord, à cause de la délicatesse que demande un semblable travail ; ensuite, parce que nous n'avons pas tous été d'accord pour le poursuivre. Deux membres de la Commission le combattirent. L'un, le cit. Fortel, donna pour raison l'inutilité d'une telle enquête, vu la bonne réputation dont jouit le cit. Beluze au sein du public Icarien ; l'autre est le cit. Guidez qui, tout en ne doutant pas de ses bonnes mœurs, ne le croyait ni utile, ni possible.

» Cependant, nous avons cru, afin de bien remplir notre mandat, qu'il était de notre devoir de persister dans notre résolution. En conséquence, nous avons appelé et entendu plusieurs personnes, au nombre d'une douzaine environ, qui nous furent signalées comme ayant à se plaindre de lui. Les unes nous ont verbalement exposé leurs griefs ; une seule a écrit avec prière d'insérer sa lettre dans le rapport.

» Nous sommes obligés de dire à cette personne que nous ne pouvons optempérer à sa demande, attendu que l'Assemblée générale l'a considérée comme étant sans utilité ni importance, et entraînant des longueurs tout à fait superflues. Cependant, nous ressentons la nécessité de résumer l'esprit de ce document, et de le réfuter.

» Cette lettre reproche au cit. Beluze de ne pas avoir organisé la Propagande, de telle manière que l'École fût divisée par groupes avec un centre où il se trouverait placé, en qualité de trait-d'union ou d'intermédiaire entre la Colonie et l'extérieur. Elle aurait désiré aussi que toutes mesures, toutes décisions fussent *prises à la majorité des voix.*

» Cette organisation, Citoyens, que l'on reproche au cit. Beluze de ne point avoir faite, et qui paraît réellement démocratique, si elle a ses avantages, elle a aussi ses énormes inconvénients, eu égard aux lois qui régissent notre pays. L'École Icarienne, en France, n'étant pas constituée en *Société* avec des statuts, des lois, des règlements, on ne peut évidemment pas exiger d'un simple Représentant, ce que l'on exigerait d'un Chef de *Société organisée.* C'est impossible, impraticable.

» Aussi, nous profiterons de la circonstance pour nous permettre de recommander à nos Coreligionnaires de tous les pays, de ne pas se laisser éblouir et entraîner par de telles idées flatteuses, il est vrai, mais qui seraient incontestablement fatales à l'École si elles étaient mises en pratique. Instruisons-nous sur la Doctrine par la lecture des livres du cit. Cabet entre nous et chaque fois que nous le pourrons ; enseignons cette Doctrine partout où nous nous trouverons ; prêchons par la parole et par l'exemple la Fraternité, base de l'Icarisme ; et, si nous voulons pratiquer complétement la théorie sociale qui en découle, allons rejoindre nos frères en Amérique. Mais ici cela ne nous est malheureusement pas encore permis.

» Cette lettre reproche également au cit. Beluze d'avoir voulu diriger la Colonie despotiquement comme il a dirigé la Propagande.

» Nous pouvons affirmer, nous qui avons vu sa correspondance avec l'Administration de la Colonie, qu'il ne lui a donné que de sages conseils à ce sujet, et que nous n'y avons rien découvert de despotique. Pour ce qui est de l'École, nous savons, en général, à quoi nous en tenir. On entend par direction despotique la manière avec laquelle le cit. Beluze a fait passer à l'École tous ses plus mauvais jours, sans qu'aucun des Icariens, qui ont suivi en tous points ses conseils, ait eu à se plaindre ou à souffrir de la moindre inquiétude. Nous croyons, au contraire, Citoyens, que, sous ce rapport, le cit. Beluze a bien mérité de tous les Icariens, et surtout des mères de famille Icariennes, car c'est grâce à lui, à ses exemples, à ses conseils, nous le répétons, que notre École n'a pas été détruite complétement comme tant d'autres. Et ce que nous devons tous désirer, c'est que, quoiqu'il se soit démis de son mandat, il ne cesse, comme il le fait d'ailleurs, de veiller à la propagation de notre belle Doctrine.

» En résumé, ce qui avait le plus frappé la Commission d'enquête dans les on-dit, c'était que le cit. Beluze s'était enrichi au détriment des partants pour Icarie. Ces bruits, certainement calomnieux, ne se sont pas reproduits dans l'enquête. Mais se seraient-ils manifestés qu'un coup d'œil jeté sur sa comptabilité, sur les recettes et les dépenses et sur les frais généraux, suffirait surabondamment pour démontrer la fausseté de cette allégation.

» En terminant ce rapport, la Commission, d'après le travail qu'elle a fait le plus consciencieusement possible, croit pouvoir déclarer que le cit. Beluze a fait, tout le temps de sa gestion, de louables efforts pour le triomphe de la Cause qu'il a embrassée, qu'il a été probe et honnête dans ses attributions, en un mot qu'il a dignement rempli le mandat qui lui a été confié.

» Quant à sa vie privée, nous n'avons rien trouvé qui ait pu détruire un seul instant la bonne opinion que nous en avons tous. »

SILVESTRE, SAUVA, GAUTIER, BERNÉ,
BEDOUCH, KNEIP.

« Le cit. Guidez, notre collaborateur, donne son approbation à la partie concernant la comptabilité, en déclarant « qu'il n'a vu aucun fait de nature à amoindrir la probité du cit. Beluze » ; mais il refuse de signer les appréciations des autres membres de la Commission sur la seconde partie de l'enquête, par les mêmes raisons à peu près que celles exprimées dans la lettre dont nous avons donné plus haut un résumé et une réfutation comme étant, outre des reproches non mérités par le cit. Beluze, des conseils dangereux pour l'École au temps présent. »

Les Icariens de Paris aux Icariens de l'Extérieur.

—

Frères et Sœurs,

Permettez-nous de vous adresser quelques lignes :

Vous le savez, au sein de l'École icarienne nous avons toujours pris une certaine initiative. Cette initiative a été utile ; elle l'est aujourd'hui plus que jamais peut-être; plus que jamais, parce que notre Colonie et notre École sont dans une situation des plus graves. Cette situation, vous la connaissez en partie, bien que vous ne vous en rendiez peut-être pas un compte aussi exact que nous, qui sommes mieux placés pour connaître et par conséquent pour juger, et quoique le cit. Beluze dans sa dernière brochure, dans sa dernière circulaire, ainsi que le Délégué dans sa correspondance actuelle, se soient efforcés de vous renseigner autant qu'ils ont pu et dû.

Nous le répétons : la situation est grave ; la Colonie périclite ; elle se désorganise tous les jours. Et ce n'est pas seulement notre avis, c'est aussi et surtout celui du Président de notre Colonie, le cit. Mercadier, qui écrivait à la date du 20 août 1862 :

«...... Votre dernière brochure a été lue au cours dimanche (la 18e). La pénurie d'argent du bureau de Paris est » une triste chose. C'est un *découragement* de plus pour nous. » On n'a pas de confiance dans les dons volontaires, ni dans » la souscription à 5 centimes pour faire face à vos besoins. » On y a si souvent compté à tort ! J'avais bien raison, il y a » huit mois, de conseiller à P*** de relever la Propagande » avant de relever la Colonie ! Charles est bien reçu comme » ami et comme *curiosité*. Mais, comme Coreligionnaire, il est » reçu bien *froidement*, bien *pauvrement*. Les paroles ne » peuvent cacher la stérilité des actes. La Propagande est » basse. Les Icariens me paraissent de *bons garçons*, *mais de* » TRISTES RÉFORMATEURS. — Notre position à nous n'est » pas *meilleure* que celle de la Propagande. Il fait froid dans » la Colonie. Châtelet va se retirer. On dit que Clèdes veut le » faire aussi. Où s'arrêtera tout cela ? Je n'en sais rien. Je ne » puis rien promettre. Aujourd'hui la cause icarienne est,

» *selon moi, très compromise.* Si je n'avais pas des soldats en-
» gagés et leurs femmes à protéger, je CASSERAIS LES
» VITRES. Je ne sais pas si, *malgré* ces deux circonstances,
» on ne sera pas *obligé de le faire*. J'attends votre prochaine
» brochure pour cela. En attendant, comptez que je ferai mes
» efforts pour soutenir la situation et la diriger le mieux pos-
» sible..... »

Cette lettre est significative; et, sans nous arrêter à ce qu'elle contient de peu flatteur pour nous, membres de la Propagande, et pour nos Sœurs et Frères, membres de la Colonie, elle autorise et explique une lettre collective que quelques-uns d'entre nous adressèrent alors à nos amis de la Colonie, dans laquelle ils les avertissaient, les conseillant de jeter un coup d'œil sur leur situation, les priant d'examiner jusqu'à quel point était vrai ce qu'avançait le Président, les conjurant de faire tout au monde pour éviter une catastrophe que celui-ci semblait présager; elle autorise et explique également les 19e *et* 20e *Lettres Icariennes* qui sont la répétition, l'explication, le résumé de cette lettre collective; dans tous les cas, elles trahissent nos sentiments.

Nos Frères et Sœurs ne nous ont pas encore répondu. Nous aimons à croire que c'est parce qu'ils ne l'ont pas pu, à cause de quelques renseignements qu'ils nous ont demandés et que nous ne leur avons envoyés que depuis peu; ensuite à cause de l'éloignement des soldats qui sont actuellement en campagne. Mais plusieurs lettres particulières, quelques retraites, certains mécontentements que nous connaissons bien, et les correspondances officielles et privées du cit. Mercadier, qui s'efforce à faire ressortir, que *la Propagande abandonne la Colonie*, que le cit. Béluze est un *traître* parce qu'il vient d'accomlipr un *coup d'État*, nous laissent entrevoir clairement tout le péril qui nous menace.

Nous comprenons assez la fatigue et l'effroi qui travaillent l'esprit et le cœur de presque tous nos malheureux et bons amis d'Amérique, dont le seul tort est de s'être, comme nous, abandonnés à une confiance trop aveugle en celui qui les a dirigés pendant six ans. Mais nous ne comprenons pas du tout le langage du Président, à moins que ce langage n'ait un rapport assez direct avec ces quelques lignes, contenues dans une de ses lettres, en date du 11 juin 1862, deux semaines avant celle précédemment citée, et quelques semaines après de nombreuses et déplorables retraites. Il écrivait :

« ...Je me trouve dans une position qui demande quelque
» retard pour mes explications à vous donner. La Colonie ar-
» rive NATURELLEMENT *à la situation* DÉSIRÉE *par moi*. At-
» tendez encore quelques jours, et mes communications ne
» vont pas tarder d'arriver. » — Ces communications ne sont jamais venues. Quelle était donc la pensée du Président? A

moins que l'on considère comme réponse l'extrait de la lettre précédente où il se montre si désespéré et à bout, puisqu'il parle de *casser les vitres*. Mais ces velléités cassantes ne nous renseignaient nullement sur la situation inquiétante de notre Colonie.

Il est certain que, pour notre part, nous n'avons jamais dit que nous abandonnions la Colonie; nous n'avons jamais rien fait qui pût le laisser croire; nous ne l'avons jamais même donné à supposer. Et vous, de votre côté, chers Coreligionnaires, vous ne l'avez jamais affirmé, du moins que nous sachions.

Il est certain aussi que l'homme qui, pendant seize années, s'est dévoué à notre tête, qui a constamment joui de la confiance et de l'estime du Fondateur d'Icarie; que l'homme auquel une Commission d'enquête vient d'adresser solennellement et publiquement des remercîments et des éloges, ne saurait être un *traître*, et que cette idée de transformer ses bonnes intentions, ses conseils, ses *propositions* en COUP D'ÉTAT, est inconséquente, fausse, malveillante. C'est presque la reproduction des accusations lancées contre le cit. Cabet par la Majorité de Nauvoo. Il est préférable de supposer (et c'est ce dont nous sommes même convaincus) que le cit. Mercadier s'est *fourvoyé* lui-même; que ses capacités (que nous avons malheureusement crues fort grandes) ne lui ont pas permis de *lancer la Colonie dans une bonne voie*; qu'il en est arrivé à *désespérer* de la réussite; que supposant désormais la Communauté impossible, parce qu'il n'a pas su la faire réussir (car nous n'admettons pas qu'il n'a pas PU, parce qu'il a eu en main tous les éléments pour beaucoup mieux faire), il ne cherche plus qu'à *provoquer une prompte dissolution*, et qu'à *se retirer*, non avec les honneurs du triomphe, *mais à couvert de toute responsabilité en la rejetant sur d'autres*. Ce peut être habile. Mais est-ce juste? Et cette injustice seule n'est-elle pas une condamnation de la conduite de notre premier représentant. Vous en jugerez. Pour nous, nous sommes fixés. Nous avons enfin acquis la triste certitude qu'il ne rêve plus que la chute d'Icarie.

Mais si le cit. Mercadier désespère, s'il aspire au jour d'une liquidation définitive et prochaine, devons-nous y aspirer avec et comme lui? Nous répondons non; et, nous en sommes convaincus, vous répondrez non aussi. Non, Icarie n'est point la propriété de tel ou tel, d'un administrateur quelconque: elle est la propriété commune de tous les Icariens. A ce compte, nous avons bien quelques droits et quelque intérêt à l'expérience qui se fait par delà les mers. Or, tandis que le désordre se met dans les rangs de nos amis, tandis que plusieurs manifestent une grande appréhension de l'avenir, n'avons-nous pas le droit et le devoir de les rassurer, autant qu'il est en notre pouvoir? Nous le devons au nom de notre Cause, au nom de la mémoire du vénérable Maître, au nom de ces cœurs généreux qui sont à la frontière, sous le canon des ennemis, tandis que leurs femmes et leurs enfants sont confiés à notre sollicitude.

Tous nos efforts doivent donc tendre à empêcher la Colonie de se dissoudre complétement, à engager ceux de nos Frères et Sœurs qui ne désespèrent point tout à fait, qui se sentiront assez de cœur et de volonté pour essayer quelques nouveaux efforts, de se réunir, de se consulter, de se grouper, de s'entendre, en un mot de continuer Icarie. Ils sont déjà et seront par conséquent peu nombreux. Ce n'est pas une raison qui doive les faire et nous faire reculer. C'en est une, au contraire, pour exiger notre sollicitude et leur énergie. Au reste, qu'importe le nombre; quelques familles bien unies feront mieux que des légions imprudentes et mal disposées.

Mais il ne suffit pas de leur recommander la persévérance. Il faut leur en fournir les moyens.

Posons-nous donc cette question: Pour le moment, que pouvons-nous faire pour eux?

D'abord, et avant tout, les assurer de notre bienveillant appui moral, les éclairer de nos observations, les conseiller de nos avis.

Après?

Partirons-nous et irons-nous les rejoindre tout de suite pour renforcer leurs rangs? Outre que la chose est peu possible, elle serait peut-être imprudente, parce qu'un départ actuellement les embarrasserait plus qu'il ne les aiderait. D'ailleurs nous pensons que ce n'est pas le moment.

Leur enverrons-nous de l'argent? Nous ne le pouvons guère. Si nous leur en envoyons, nous ne leur en enverrons que peu. Nos amis ne devront pas y compter. La misère est grande. Et puis l'emprunt est supprimé.

Un seul moyen de réellement les aider paraît possible, utile, nécessaire, efficace. C'est celui *d'abandonner toutes les créances que nous possédons sur la Colonie, de quelle nature qu'elles soient*, à la condition toutefois de les échanger contre un *reçu* qui les représentera et restera valable comme tout ou partie d'*apport*, au cas où le créancier entrerait dans la Communauté. Naturellement les intérêts cesseront de courir du jour où les obligations seront rendues. Cette mesure, nous n'hésitons pas à vous la proposer, parce qu'elle nous paraît indispensable, parce que nos amis sont peu nombreux, qu'ils sont dans une position des plus précaires, que des charges trop nombreuses les effraieraient certainement, et qu'ils ne pourraient ni ne voudraient les accepter, parce qu'enfin, nous le répétons, il ne suffit pas de leur dire : « Réorganisez-vous, continuez, persévérez, marchez ! » il faut aussi leur en fournir les moyens. Nous ne pouvons leur envoyer de l'argent, mais nous les déchargerons d'une dette embarrassante ; nous leur ôterons bien des soucis, bien des ennuis ; nous leur aplanirons la voie sur laquelle nous désirons qu'ils s'engagent, nous prouverons, une fois de plus, ce que nous avons avancé bien des fois : « Que nous sommes sérieusement dévoués à Icarie, et que, pour son triomphe, aucun sacrifice ne nous coûte. » Et même sera-ce un sacrifice ! Nous ne le pensons pas, car, à supposer que la Colonie s'anéantisse aujourd'hui pour demain, nos créances seraient nécessairement anéanties avec elle : à qui les réclamerions-nous? A qui pourrions-nous, à qui oserions-nous les réclamer ? Et si leur abandon volontaire peut relever quelques courages abattus, réchauffer quelques cœurs refroidis, réjouir quelques âmes désespérées, si cet abandon peut contribuer à sauver Icarie, nous nous reprocherions sans cesse de ne point l'avoir fait. Ce serait un remords éternel. En outre, oserons-nous ne pas le faire ! Tandis que nos frères sacrifient leurs vies sur le champ de bataille, hésiterons-nous à sacrifier quelques milliers de francs ? Non, nous n'hésiterons pas. Fidèles à nos précédents, nous prouverons que ce n'est pas une foi banale qui nous anime ; nous prouverons combien peu savent nous apprécier ceux qui prétendent que nous abandonnons nos frères dans le malheur ; nous aurons mérité du Peuple et de l'Humanité.

Chacun reste évidemment libre, mais qu'on se pénètre bien de l'utilité de notre proposition. Nous n'avons pas hésité à en prendre l'initiative et à la mettre en pratique. Plusieurs d'entre nous ont déjà fait abandon de leurs créances, espérant avoir de nombreux et généreux imitateurs.

Acceptez, acceptez, Frères et Sœurs ; et retournez vos obligations à l'adresse du représentant naturel de la Colonie, M. Charles Raynaud, 3, rue Baillet, à Paris ; il vous en délivrera reçu. Quant à nos amis de la Colonie, nous ne leur demanderons pas même s'ils acceptent une mesure si avantageuse pour eux. Cela va sans dire. D'ailleurs, c'est plus notre affaire que la leur.

Deux mots seulement du Bureau de Paris. Le cit. Beluze ayant été obligé de résilier son mandat, la Colonie demeure sans correspondant. Cependant, il est difficile de s'en passer. Un correspondant est utile principalement aux départements. Nous avons jugé que, jusqu'à nouvel ordre, il serait prudent que cette fonction fût remplie par le Délégué d'Icarie, qui a été rappelé à Paris, parce que les derniers événements ne lui ont malheureusement pas permis de continuer son voyage. Et, comme la situation de la Colonie est fort précaire, nous avons pensé qu'il serait bon et juste que le correspondant demeurât, jusqu'à nouvel ordre aussi, à la charge de l'École extérieure.

Ces devoirs accomplis, ne nous restera-t-il plus rien à faire. — Autre chose se présentera à nous. Après avoir jeté les yeux sur la Colonie, nous les jetterons sur la Propagande. Cette dernière aussi a besoin de se réorganiser. Nous sommes convaincus qu'elle n'a pas toujours parfaitement marché. Tous nous sommes un peu coupables de ce mal : aussi est-ce à nous tous à y remédier. — Comment ? Par quels moyens ? — Nous croyons que les propositions du cit. Beluze, au sujet des *Associations ouvrières*, peuvent être un moyen puissant de réorganisation. Voici comme nous l'entendons :

Les Associations sont une nécessité de l'époque, elles n'ont jamais eu autant de chances de succès, et elles en auront d'autant plus que nous leur prêterons notre appui. Nous ne nous arrêterons pas à vous faire ressortir les incalculables avantages qu'elles présentent pour la classe ouvrière : c'est un fait acquis, incontestable et incontesté. — L'idée de proposer aux Icariens de se placer à la tête des Associations ouvrières pour les diriger et les guider nous paraît bonne, belle, réalisable ; car personne mieux qu'eux n'est à même de leur imprimer une impulsion véritablement en rapport au but social qu'elles se proposent. Ce concours leur sera utile ; mais, ne nous le dissimulons pas, il nous sera plus utile, parce que notre École y acquerra une importance et une influence qu'elle n'a pas aujourd'hui.

Quelques personnes objecteront peut-être que s'occuper d'Associations, c'est ne plus s'occuper d'Icarie. — Nous pensons le contraire. Nous pensons que ces deux idées ne sont point si diamétralement opposées qu'elles ne puissent fraterniser, marcher de pair. Nous n'admettons l'association que comme Cabet l'a admise lui-même, c'est-à-dire comme *régime transitoire*, et la Communauté comme *but plus définitif* ; et comme, au surplus, depuis quinze à vingt ans, nous ne faisons rien autre chose au sein de l'individualisme que du *transitoire plus ou moins radical*, c'est donc une question de proportions ne différant que du plus au moins, et qui, en conséquence, ne peut être prise en sérieuse considération.

Ce qui est plus sérieux, ce sont les avantages réels qu'il en résultera pour notre École. Au moyen des Associations notre Propagande se trouvera reliée d'une façon plus générale ; elles nous donneront des idées d'ensemble ; elles nous obligeront à la sociabilité ; elles nous façonneront à la vie collective ; et nous deviendrons aptes plus que jamais à fonder la Communauté. Pendant ce temps, nos Frères et Sœurs de la Colonie se seront peut-être aussi réorganisés, modifiés, régénérés ; le moment d'aller les rejoindre sera venu, et nous leur enverrons des éléments capables de les comprendre, de les aider. — Surtout ne craignons pas que les idées d'associations absorbent les idées icariennes. C'est impossible. Le pâle éclat de

l'étoile éclipse-t-il la brillante lumière du soleil ? Le ruisseau absorbe-t-il le fleuve ? Non. Les associations deviendront de *véritables pépinières d'Icariens*, pour nous servir d'une expression au cit. Beluze lui-même. — Au reste, nous devons nous rappeler avec quelle énergie le cit. Cabet s'est toujours élevé contre l'esprit d'exclusivisme ; avec quelle ardeur il a constamment repoussé l'esprit de secte ; combien il a été bienveillant pour toutes les idées ; avec quel empressement il accueillait et protégeait tout ce qui lui paraissait bon et utile.

Nous insistons donc auprès de vous tous, chers Coreligionnaires, pour que vous vous pénétriez bien du travail qui vient d'être publié, que vous y adhériez, que vous le propagiez, que vous fassiez enfin tout ce qu'il vous paraîtra utile et possible à cet égard.

Vos frères dévoués,

BENOIT.	ATTENÉ	BEDOUCH.
KNEIP.	PIART.	PASQUIER.
FOMBONNE.	FRANÇOIS-JOSEPH.	J. GAUD.
BANCE.	BEAUVAIS.	DUTHY.
HENZ	A. THOMAS.	PETITET.
MAILLARD.	J. THOMAS.	JOUBERT.
BRUÈRE.		

Le dernier courrier d'Amérique reçu à Paris le 17 courant, nous apporte des nouvelles de la Colonie, datée du 24 février.

L'élection présidentielle a eu lieu. Les pouvoirs du Président expiraient le 3 février. Aux termes de la constitution, il ne devait, ni ne pouvait être réélu. Il ne l'a pas été en effet. Le cit. Mercadier a été remplacé par une *Commission exécutive provisoire*, composée de trois membres, qui sera chargée de l'Administration jusqu'à la rentrée des soldats. C'est le retour à la gérance multiple, forme de gouvernement que nos amis ont probablement jugée plus applicable à la situation exceptionnelle de la Colonie.

Les membres élus sont : les citoyens Mesnier père, Vinsot et Sauva A.

Les attributions de la nouvelle gérance sont distribués comme il suit :

MESNIER père : Industrie, finances, nourriture, agriculture.

VINSOT : Santé, logement, divertissements.

SAUVA : Secrétariat, éducation, vêtements.

En acceptant le mandat que la confiance publique vient de leur conférer, les trois nouveaux administrateurs doivent se dissimuler, moins que tous autres, la gravité de la situation. C'est au milieu d'une crise fâcheuse, qu'ils sont appelés à la direction des affaires; c'est au sein d'obstacles sans nombre qu'ils auront à agir. Nous aimons à croire qu'ils en auront la force, les capacités, surtout la volonté; que, comprenant la responsabilité qui pèse désormais sur eux, ils se montreront pleins de zèle et pleins de dévouement. Ils se rappelleront qu'ils sont élevés aux fonctions que le Fondateur d'Icarie occupa lui-même; et les actes de ce vertueux citoyen leur serviront d'exemples.

Au premier rang de leurs devoirs se place la question de l'examen de l'avenir, car, si le présent est gros d'orages, si le passé est plein de déceptions, l'avenir est surchargé d'appréhensions.

En effet, notre malheureuse Colonie en est arrivée, presque tout à coup, à un point de décadence que les esprits les plus perspicaces même étaient loin de prévoir. On est bien forcé de le reconnaître, et nous ne cherchons pas à le cacher. Cependant, si compromise qu'elle soit, elle n'a point proféré son dernier mot. Elle est gravement malade; mais il n'est point dit qu'elle n'en puisse revenir. La guérison n'est pas chose impossible; les remèdes ne manquent point; il suffit de vouloir les appliquer. L'adresse qui précède, rédigée et signée par quelques-uns des principaux Icariens de Paris, c'est-à-dire des plus connus comme souscripteurs et adeptes, en indiquent quelques-uns. Il peut, il doit y en avoir d'autres. C'est à tous ceux qui les connaîtront à les proposer : les meilleurs seront employés. C'est à la nouvelle Administration surtout à le faire, à indiquer ses vues, à offrir un aperçu de la marche qu'elle croit pouvoir tracer à la Colonie, et se tracer à elle-même, à préparer la voie d'une position meilleure et plus rassurante, à s'expliquer enfin.

Nous pouvons continuer à avancer. Mais nous ne le pouvons qu'à la condition de bien nous rendre compte de l'endroit où nous désirons aboutir. C'est ce à quoi nous n'avons jamais assez réfléchi, et ça été notre malheur. Entraînés par l'enthousiasme exagéré d'une cause belle et bonne; éblouis par les admirables perspectives que notre imagination déroulait à nos yeux, pendant 14 ans, nous nous sommes élancés sur les ailes de l'espérance, vers des horizons décevants, c'est-à-dire que n'ayant pas assez étudié le véritable caractère de l'idée communiste icarienne, nous n'en avons pas assez saisi le véritable but. Nous l'avons comprise superficiellement; au fond, nous l'avons ignorée : nous avons erré; nous nous sommes égarés; nous sommes presque perdus. Avouons-le, l'intelligence de notre Entreprise nous a généralement manqué. Que n'aurions-nous pas fait, en effet, si tous, nous avions été de vrais, de capables, de sérieux Icariens? C'est qu'il ne suffit pas d'adopter un principe, il faut aussi le comprendre; il ne suffit pas de servir une cause, il faut la servir avec fruit ; il ne suffit pas de *vouloir*, il faut aussi *savoir*.

Or, nous n'avons pas su ; nous avons été trop confiants en nous-mêmes. Notre œuvre nous a paru si facile, si simple, que nous l'avons traitée en chose puérile. Nous avons pensé qu'il suffisait de jeter un coup d'œil sur les livres du Maître, s'intituler son disciple, franchir l'Océan, pour être à jamais dépouillé de tous les défauts incompatibles à la vie sociale, pour être désormais un modèle de bon sens, d'urbaniste et de fraternité. Mais les réformes ne s'obtiennent pas aussi vite. On ne triomphe pas aussi rapidement d'habitudes qu'une éducation fâcheuse et vicieuse enracine dans la tête et dans le cœur.

Joignons à cette vérité une autre vérité non moins grande, celle des difficultés matérielles que nous avons continuellement rencontrées. Rappelons 48 qui a paralysé notre élan d'émigration, la crise financière américaine de 1858, la guerre des États-Unis de 1861, les traîtres qu'à diverses époques nous avons abrités sur notre sein, la malveillance que nous avons rencontrée, les calomnies dont on n'a cessé de nous abreuver, l'acharnement avec lequel on s'est efforcé de dénaturer le digne caractère du Fondateur de notre École ; joignons à cela, disons-nous, l'insuffisance morale du plus grand nombre de ceux qui sont partis pour faire jaillir la Communauté du désert, et nous comprendrons l'insuccès des efforts de ces Icariens et de ces Icariennes qui étaient indubitablement animés d'excellentes intentions, mais qui n'étaient pas des apôtres.

C'est donc un fait acquis à l'histoire : au Texas, nous avons échoué ; à Nauvoo, nous avons échoué ; à Cheltenham, nous échouerons peut-être.

Est-ce à conclure que la Communauté est chose impossible ? Faut-il la proclamer, dès lors, chimère, utopie, beau rêve irréalisable ?

Non, car il nous paraîtrait supérieurement injuste de faire supporter à une Doctrine la responsabilité de la mauvaise application qu'on en a faite. Ne rendons pas l'outil responsable de l'incapacité de l'ouvrier. Deux choses sont à distinguer en fait de théorie sociale, *les hommes et les principes*. Les hommes, essentiellement imparfaits, dominés de passions hétérogènes qui les rendent versatiles, inconstants, irrésolus, auxquels par conséquent on ne doit attacher qu'une importance très relative ; les principes qui eux ne sont ni versatiles ni inconstants, mais les mêmes toujours, conservant, en tous temps et en tous lieux, leur caractère indélébile. C'est à ceux-ci qu'il faut s'attacher. Ainsi, il n'est pas étrange de voir des hommes jeter de la boue à ce qu'ils adoraient hier; de même qu'ils ne se feront aucun scrupule d'adorer demain ce qu'ils auront insulté la veille. Mais ils auront beau dire et beau faire, ils ne feront jamais que la Justice ne soit pas la Justice, que la Vérité ne soit pas la Vérité, que la Conscience ne soit pas la Conscience.

La théorie sociale icarienne se résumé en ces quelques mots simples et profonds : *Aimez-vous les uns les autres.*

Or, nous soutenons que c'est une théorie acceptable par tout le monde, par toute personne un peu civilisée, par tout être qui sera parvenu à classer dans son intelligence que deux et deux font quatre, par le *millionnaire* comme par le *paria*; car il n'en est pas un, à quelle classe qu'il appartienne, qui ne désire être respecté, honoré, considéré, aimé; de même qu'il n'en est pas un qui ne déteste l'insulte, qui ne souffre de l'indifférence, qui ne se révolte d'être haï.

Là est toute la force, toute la logique, toute la raison d'être de l'idée communiste icarienne, qui n'est autre que la Doctrine prêchée par Jésus-Christ lui-même.

Aussi, nous proclamons cette Doctrine la plus belle, la plus pure, la plus rationnelle, la plus utile qu'il existe; et, seule, l'affirmation contraire serait une utopie.

Le Système d'organisation sociale résultant de cette Doctrine est donc excellent.

Que l'application en soit difficile, qu'elle présente une quantité d'obstacles, nous l'admettons et nous le savons mieux que personne. Mais ce que nous refuserions absolument d'admettre, ce serait que, à propos de quelques essais infructueux, on proclamât la Communauté une chose décidément illusoire.

En bien des circonstances, l'insuccès ne fait pas preuve. Sur le champ de bataille, la victoire ne reste pas toujours à ceux qui la méritent.

Tous les échecs imaginables d'application de nos principes, ne prouveront point que *l'amour de son frère prochain ne soit la plus douce, ainsi que la plus applicable des lois de la Nature.*

Aussi, malgré tous les revers que nous avons subis, malgré toutes les déceptions qui viennent briser une à une nos chères espérances, notre foi est aussi verte, aussi ardente qu'aux premiers jours de sa naisssance.

Nous ne jetons point le manche après la cognée; nous ne nous avouons pas vaincus. Ce n'est pas de l'entêtement; c'est de la conviction.

Eh! quoi? dira-t-on, après tous vos déboires, ne vous sentez-vous pas refroidis; cette conviction n'est-elle pas ébranlée?

Au contraire, ces déboires, que nous appelons *expériences*, ne peuvent que nous convaincre davantage parce que, s'ils nous prouvent la difficulté de l'Entreprise, ils ne nous prouvent pas du tout son impossibilité, parce que il est certain qu'elle a constamment manqué d'éléments convenables; parce qu'il est indubitable que nous réussirions promptement, et même assez facilement, en nous trouvant placés dans de meilleures conditions morales et matérielles.

A nos Sœurs et Frères de la Colonie, nous disons : Que ceux d'entre vous qui le pourront et qui le voudront persévèrent ; essayez quelques efforts encore; votre devoir et votre intérêt vous y engagent. Le séjour de la Communauté doit être, sans doute, peu agréable aujourd'hui; mais rappelez-vous les désagréments de l'individualisme. Vos amis du dehors vous aideront autant qu'ils le pourront.

A nos Coreligionnaires de l'extérieur, nous disons : Vous aussi vous avez courageusement lutté et persévéré; vous aussi vous avez fait de louables efforts pour le triomphe d'Icarie. Ne les regrettez pas, ils ont été utiles. Apprêtez-vous, au contraire, à en faire d'autres. Les résultats obtenus vous affligeront profondément; mais ils ne vous décourageront pas; ils ne vous empêcheront pas de poursuivre la réalisation et la propagation de l'Œuvre la plus nécessaire qu'il soit au Monde; ils ne vous feront point abdiquer le glorieux titre de *Soldats du progrès*. Aidez la Colonie à se reconstituer si elle le désire. Continuez à vous occuper activement de la Propagande. Travaillez à la rendre aussi large que fructueuse. Instruisez-vous, moralisez-vous, réformez-vous. Moralisez et transformez les autres. Préparez, par tous les moyens utiles, l'avénement de la Communauté. Si notre Colonie s'anéantit, il faudra tôt ou tard en fonder une autre; si elle résiste, il faudra la continuer. Mais qu'elle continue ou qu'on la recommence, soyons persuadés qu'elle ne réussira qu'à la condition d'être entreprise ou continuée par des hommes et des femmes complétement imbus des idées et des sentiments de notre Doctrine : c'est-à-dire que, *pour faire Icarie, il faut des Icariens*.

A tout le monde, nous disons : Nos désastres ne nous étonnent pas, parce que nous nous rendons compte des causes qui les ont produits; ce qui nous étonne, c'est que notre entreprise ait résisté si longtemps, et souvent même si avantageusement, à des chocs épouvantables. Aucune autre, placée dans les mêmes circonstances, n'aurait été capable de lutter et de se maintenir comme l'a fait la nôtre. Cela prouve une force de vitalité hors ligne; cela prouve combien nous avons raison de ne pas nous tenir pour battus.

Que ferait-on d'ailleurs si le premier obstacle, si la moindre difficulté rebutaient, et si l'on proclamait impossible toute chose que l'on n'a pas trouvée ou qu'on n'a pas su faire. Galilée aurait-il remarqué le mouvement de la terre? Gutemberg aurait-il inventé l'imprimerie ? Colomb aurait-il découvert l'Amérique ? Se garde-t-on de manger parce que précédemment la digestion s'est mal faite ? Ne voyage-t-on plus sur le chemin de fer parce que les trains déraillent ou se choquent quelquefois ? Les matelots désertent-ils la mer parce qu'il y a des naufrages ? En face des prodiges accomplis graduellement et tous les jours, oserait-on bien nier la réalisation de quoi que ce soit ; et peut-on désormais affirmer qu'il y ait quelque chose d'impossible sous le soleil ?

« Semez, semez toujours, disait le Christ, la récolte viendra. »

Il a toujours raison, cet homme sublime ou ce Dieu admirable. On échoue quatre-vingt-dix-neuf fois, on réussit la centième.

Ch. RAYNAUD.

Nota. — La deuxième livraison sur les Associations ouvrières paraîtra du 20 au 25 avril sous ce titre : Aide-toi, le Ciel t'aidera !

Paris. — Imp. Félix Malteste et Cie, rue des Deux-Portes-St-Sauveur, 22.

www.ingramcontent.com/pod-product-compliance
Ingram Content Group UK Ltd.
Pitfield, Milton Keynes, MK11 3LW, UK
UKHW021030220726
13924UKWH00001B/229